Mario tardó tres años en llegar a casa, toda una aventura para un bebé recién nacido. Cuando lo vistieron por última vez en el hospital, desconocía que el traje que le ponían para ir a la casa cuna le dotaba de poderes que le garantizarían la supervivencia durante esos primeros años. Tendría grandes dificultades que afrontar hasta que fuera adoptado, pero también supo encontrar las herramientas para superarlas convirtiéndose así en un «SUPERKAZBABY».

Valores implícitos:

Una historia que nos enseña la capacidad de superación y resiliencia que desarrollan los niños adoptados. Además, trata de sensibilizar sobre la adversidad temprana, así como las secuelas del abandono y la institucionalización. También nos muestra la importancia del apego en los primeros años de vida para desarrollar un vínculo seguro.

LA MIRADA DE DANIEL
Inteligencia emocional

SUPERKAZBABY:
La huella del primer traje

© del texto: Mamen Navarro González
© de las ilustraciones: Patricia Carcelén
© del diseño y corrección: Equipo BABIDI-BÚ

© de esta edición:
Editorial BABIDI-BÚ, 2024
Avda. San Francisco Javier, 9, 6ª, 23
Edificio Sevilla 2
41018 - SEVILLA
Tlfn: 912.665.684
info@babidibulibros.com
www.babidibulibros.com

Impreso en España
Primera edición: mayo, 2024

ISBN: 978-84-10222-55-7
Depósito Legal: SE 953-2024

SUPERKAZBABY
La huella del primer traje

Mamen Navarro González
Ilustraciones de Patricia Carcelén

CÓMO SURGIÓ ESTE CUENTO

Fue Damián, mi marido, el que creyó y luchó conmigo para que nuestra familia se hiciese realidad: y así sucedió el día que llegamos a España desde Kazajistán, con Rodrigo y Nicolás: HABÍAMOS ADOPTADO A DOS NIÑOS Y ERAN NUESTROS HIJOS.

Ahora teníamos que esforzarnos para que ellos nos adoptaran como su papá y su mamá, porque nosotros nos preparamos para «ser papás» durante el tiempo de espera antes de viajar: pero ellos no sabían lo que era «tener unos papás» porque en la casa cuna, que era donde vivían, solo había cuidadoras.

Llamarlos «SUPERKAZBABIES» era para que supieran que para nosotros eran «LO MÁS».

Esto lo hice siguiendo el ejemplo de mi padre: me repetía que, para él, yo era una hija única, pues aunque tuviese más hermanos, cada uno era un hijo único e irrepetible, y así nos quería individualmente.

Ejemplo de amor y perseverancia me dio mi madre, que deseó y esperó a Rodrigo y Nicolás como si fuesen los primeros y únicos nietos, a pesar de tener entonces treinta nietos ya.

Llegó el momento en que quise contarle a los demás que mis hijos eran unos superhéroes porque habían logrado sobrevivir los primeros años de vida sin el amor de unos papás. Providencialmente, en un Encuentro de Familias Franciscanas (a los que asistimos anualmente), me pidieron que contara nuestra historia familiar. Ese clima de confianza y respeto y el interés que mostraron fueron la inspiración para que la historia de «Superkazbaby» tomara forma.

Así lo hicimos: Patricia con sus dibujos, yo con mis palabras: tándem perfecto para gestar esta obra. Aprovecho estas últimas líneas para agradecer, más que la dedicación, la «devoción» que Pat ha puesto en este proyecto. ¡Compruébalo tú mismo!

Aquel día, Mario vino muy excitado del cole, ¡LO HABÍAN INVITADO A UNA FIESTA!

—¡Mamá, papá! Tengo fiesta de disfraces en casa de Pablo —anunciaba lleno de emoción.

Su madre hacía grandes esfuerzos por calmarlo, aunque para ser sinceros, ella estaba casi más emocionada que el niño, pues no eran muchas las ocasiones en las que sus compañeros se acordaban de él para invitarlo.

—¡Estupendo! —dijo ella—. Abriremos el baúl de los disfraces, a ver qué encontramos.

Esa respuesta contrarió un poco a Mario, pues él ya tenía decidido qué traje se pondría, y por eso dijo sin dudar:

—Me pondré el de Superkazbaby.

Imaginaos la cara de sorpresa de la madre, que solo atinó a decir:

—¿El de Superkazbaby? Mmm... ¿tú lo ves oportuno?... Pero si tienes otros más nuevos y modernos.

¡SUPERKAZBABY!

¡SUPERKAZBABY, SUPERKAZBABY!

—¡SUPERKAZBABY, SUPERKAZBABY! —gritaba Mario cada vez más alterado.

—Vale, vale —cedió su madre—. Vamos a buscarlo.

—¡Bien! —jaleaba Mario—, y me cuentas otra vez la historia.

—De acuerdo —dijo ella—. Aunque ya te la sabes tú mejor que yo, de tantas veces que te la he contado.

Ambos se sentaron en la alfombra, mamá puso la voz de contar cuentos, y Mario su cara de escucharlos. Y así, comenzó a narrar:

—Ese fue uno de tus primeros trajes, bueno, realmente fue el primero de todos... Imagino que te lo pondrían cuando te sacaron del hospital, recién nacido, para llevarte a la casa cuna. Allí lo ibas a necesitar, pues no se sabía el tiempo que tendrías que esperar hasta que llegasen tus papás a adoptarte.

»Como bien sabes, los «superkazbabies» tenéis poderes especiales que os permiten conseguir lo que necesitáis en cada momento, y un botón especial para apagar esas necesidades. Enseguida aprendiste a ponértelo tú solo, y entonces... no había nada que se te resistiera hacer:

¿¿PROBLEMAS??
¿¿NECESIDADES??
¡¡SUPERKAZBABY!!
BOTÓN ESPECIAL
CLICK

»Si tenías sueño, te mecías, acunabas y canturreabas hasta que te quedabas dormido. ¡Nada de canciones de cuna o nanas para conciliar el sueño!

»Eras capaz de controlarte las ganas de hacer pis hasta que alguien te llevaba un orinal. ¡Cualquier niño comodón se haría pipí en el pañal, y tú no sabías qué era eso!

»¡No había prenda de vestir que se te resistiera poner!, ya fueran leotardos, camisetas, incluso buzos de nieve... El que los botones se quedaran desabrochados o las cremalleras bajadas era lo de menos.

»Manejabas la cuchara y el tenedor como nadie... Ni qué decir de beber en vaso. ¿Quién necesitaba un biberón? Como tampoco hacía falta chupete. Si llorabas, tú decidías cuándo y cómo te calmabas... Igual que cuando te reías o cuando te enfadabas. ¡TODO LO CONTROLABAS TÚ!

»Vivías rodeado de niños y cuidadoras. Pero tú, con tu supertraje, no necesitabas a nadie…, o eso al menos es lo que pensabas, porque todo esto cambió a partir de conocernos.

»Después de tres años, por fin llegaste a casa. Papá y yo,
todos los días, te quitábamos ese traje y te poníamos ropa
nueva, más bonita..., y poco a poco fuimos alargando
el tiempo en el que no lo llevabas puesto, para que te
acostumbraras y lo fueras necesitando cada vez menos.

Era por eso por lo que...

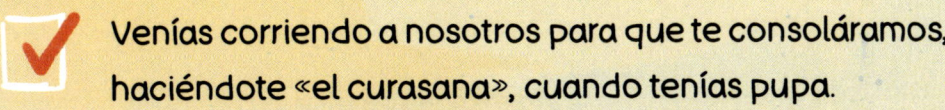 Venías corriendo a nosotros para que te consoláramos, haciéndote «el curasana», cuando tenías pupa.

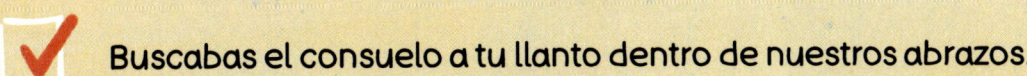 Buscabas el consuelo a tu llanto dentro de nuestros abrazos.

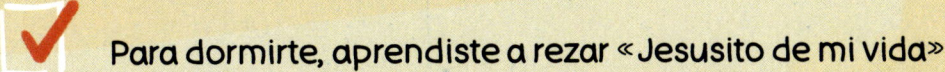 Para dormirte, aprendiste a rezar «Jesusito de mi vida».

Te diste cuenta de que llevar pañal por la noche te permitía dormir más tranquilo y de un tirón.

 Descubriste que convertir tu boca en pista de aterrizaje de aviones con nombres de personas era de lo más divertido.

 No dudaste en ponerte las gafas, pues te abrieron los ojos al mundo, veías más allá de cuatro paredes, descubriste que había puntitos negros en la tierra que se movían y que se llamaban hormigas.

 Podías correr, saltar, trepar e incluso intentar volar como las palomas.

Así su madre concluyó la historia de su primer traje, y entonces añadió:

—Entiendo que te lo quieras poner, pues lo llevaste durante mucho tiempo, y te dejó marcas; pero papá y yo las estamos curando día a día, con besos, caricias y abrazos.

Hizo una pequeña pausa, miró con ternura a Mario, y luego continuó:

—Aunque apagar el botón de alerta que se encendía en ti cuando te lo pusieron por primera vez nos está costando un poco más. Cuando pensamos que se ha desconectado de un lado, salta la alarma por otro, produciendo, tanto en ti como nosotros, un gran sobresalto. En ello estamos ahora, convencidos de que al final conseguiremos cortar ese circuito y anular el botón. Te fue necesario en su momento, pues como todo superhéroe que se precie, tenías que estar atento y preparado para afrontar cualquier situación, nueva o desconocida, que tú pensaras que podría entrañar un peligro. Y aun ahora, todavía te cuesta diferenciar esos momentos.

—Me encanta escucharte, mamá. Y ahora, vamos a sacarlo para que me lo ponga ya.

Su madre accedió, y con gran esfuerzo, logró bajar la maleta donde guardaban todos los tesoros de Mario de sus tres primeros años (su única foto de cuando era bebé, su cochecito verde con el que siempre jugaba en la casa cuna, un gorro y poco más). Lo que sí había eran recuerdos del viaje y del país (un periódico local, mapas, libros, el traje regional, billetes de avión, iconos de la Virgen y alguna estampa también).

Por fin dieron con el traje de «superkazbaby», aunque ninguno de los dos se esperaba lo que sucedió:

—¿Pero...? ¿Qué ocurre...? —preguntó Mario totalmente incrédulo—. ¡No me entra!, ¡es imposible! ¡Pero si los primeros años crecía conmigo! ¿QUÉ HA PASADO?

Mamá enseguida lo comprendió, le cogió la mano y, llena de ternura, le explicó:

—Ha pasado que ya no lo necesitas, has descubierto que mientras uno es pequeño, es mejor que los superpoderes los tengan mamá y papá.

Entonces Mario, abrazándola muy fuerte, le dijo:

—¿Sabes, mamá?, yo siempre quise tener unos padres como vosotros.

—¡Y nosotros un «superkazbaby» como tú! —le dijo su madre.

SI SIENTES CURIOSIDAD, AQUÍ TE CUENTO ALGO MÁS

Desde que nacemos, todos somos cuidados en casa por mamá, por papá o por los dos:

• ¿Sabías que hay niños a los que no les ocurre lo mismo?

Por diversos motivos, sus papás no los pueden cuidar, y cuando nacen, son llevados a una «casa cuna», que es una especie de cole donde, además de aprender, viven.

• ¿Te gustaría vivir en el cole?

Allí están muy bien atendidos, no les falta nada, pero son muchos y tienen que esperar su turno, y como a veces se cansan de esperar...

• ¿Te imaginas lo que hacen?...

No, no gritan, lloran y patalean, eso no les sirve.

• ¿Qué harías tú?

Pues ellos aprenden a hacer las cosas solos y no necesitar la ayuda del adulto, y si no lo consiguen o no pueden, pues lo aceptan, como tú dirías: «se aguantan».

• ¿Tú aceptas que algo no te salga o te salga mal?

Es difícil, ¿verdad? Pues por todo esto es por lo que los niños de las casas cuna son superhéroes.

• ¿Te imaginas cuál es su superpoder?

Además, tienen otro: identifican ruidos, olores, voces... y están en alerta por si hay algún cambio que pueda suponer un problema.

• ¿Tú estás igual de despierto a todo lo que ocurre a tu alrededor?

Imagino que a veces sí, pero casi siempre estás tranquilo y relajado, ellos, en cambio, están muy atentos, nerviosos y les cuesta dormir.

Antes te he dicho que no les falta de nada... bueno..., no es del todo verdad: les falta lo más importante.

• ¿Sabes qué es?

Pues un papá, una mamá o los dos, que le demuestren su amor con abrazos, besos, cosquillas.

• ¿A ti cómo te gusta que te demuestren amor tus papás?

Por eso, cuando son adoptados y llegan a casa, es como volver a empezar, pues muchos de los aprendizajes de la casa cuna ya no les sirven, tienen que aprender a dejarse cuidar y querer, a confiar en sus papás y a ser niños tranquilos, calmados y confiados como tú. Se tienen que «despegar del pasado para apegarse al presente», y esto puede que les lleve un poquito de tiempo.

• ¿Qué otras cosas nuevas crees que tienen que aprender?

Esto es un poco difícil de entender, pero recuerda que no han vivido en una familia, no saben lo que es un papá, una mamá, un hermano... tampoco saben lo que es dormir solo, vivir en una casa, subirse al coche de mamá, ir al súper con papá...

Ahora, atento a lo que te digo:

«Si alguna vez en el cole tienes un compañero adoptado, será afortunado al ver que sabes y comprendes todo lo que ha vivido hasta llegar aquí, y todo gracias a que has leído este cuento. Y además... sabrás cómo hacerle feliz».

¡Y POR HABER LLEGADO AL FINAL, ERES UN SER GENIAL!